LETTRES

CHIFFRES ET ARMES

J. Claye imprimeur

LETTRES

CHIFFRES ET ARMES

TIRÉS

DES PRINCIPALES BIBLIOTHÈQUES DE L'EUROPE

DESSINÉS PAR

MM. SILVESTRE ET PAILLET

PARIS

A. MOREL, LIBRAIRE-ÉDITEUR

[illegible], RUE BONAPARTE

M DCCCLXXVI

Pl. I.

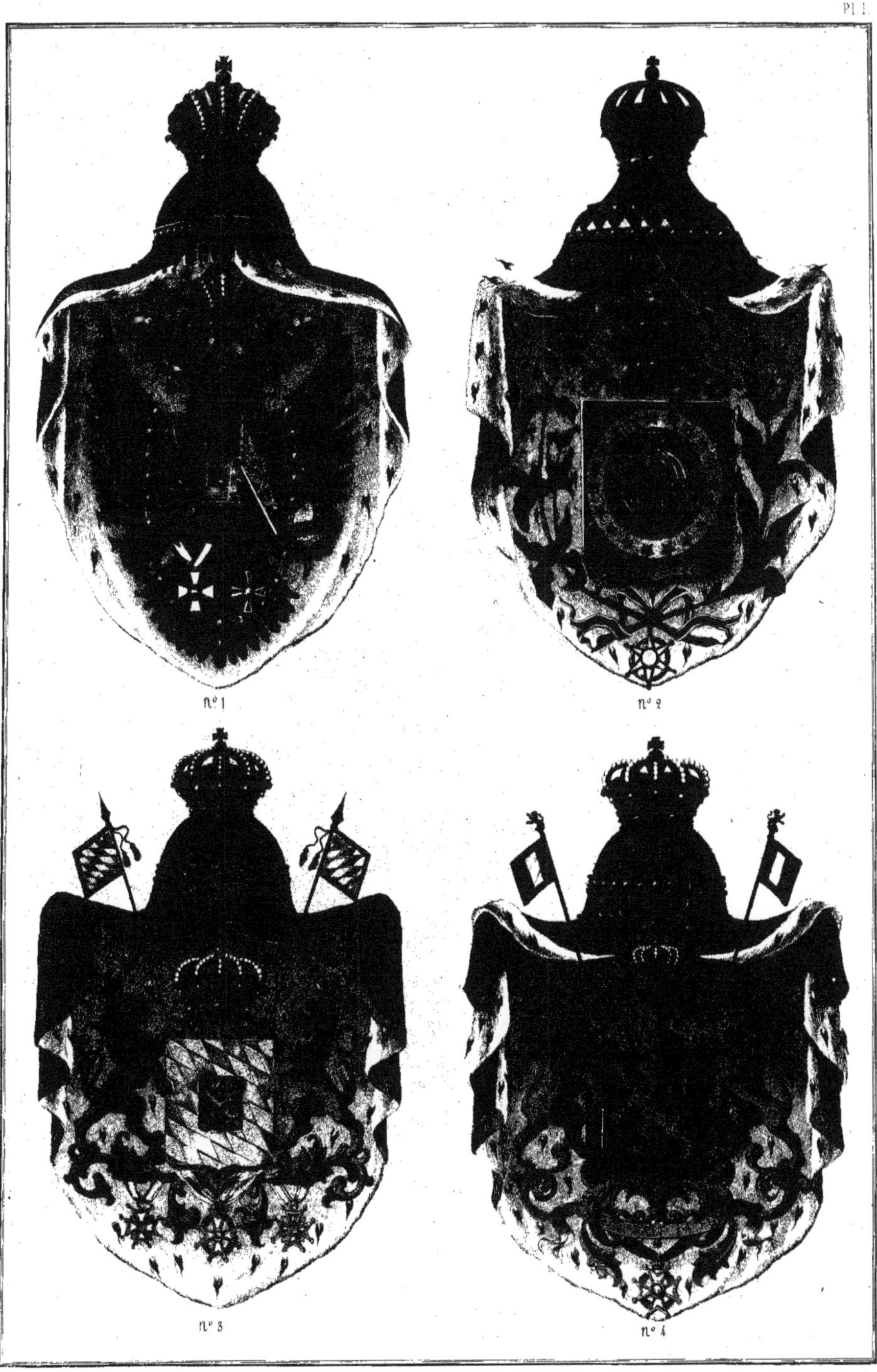

Pl. III

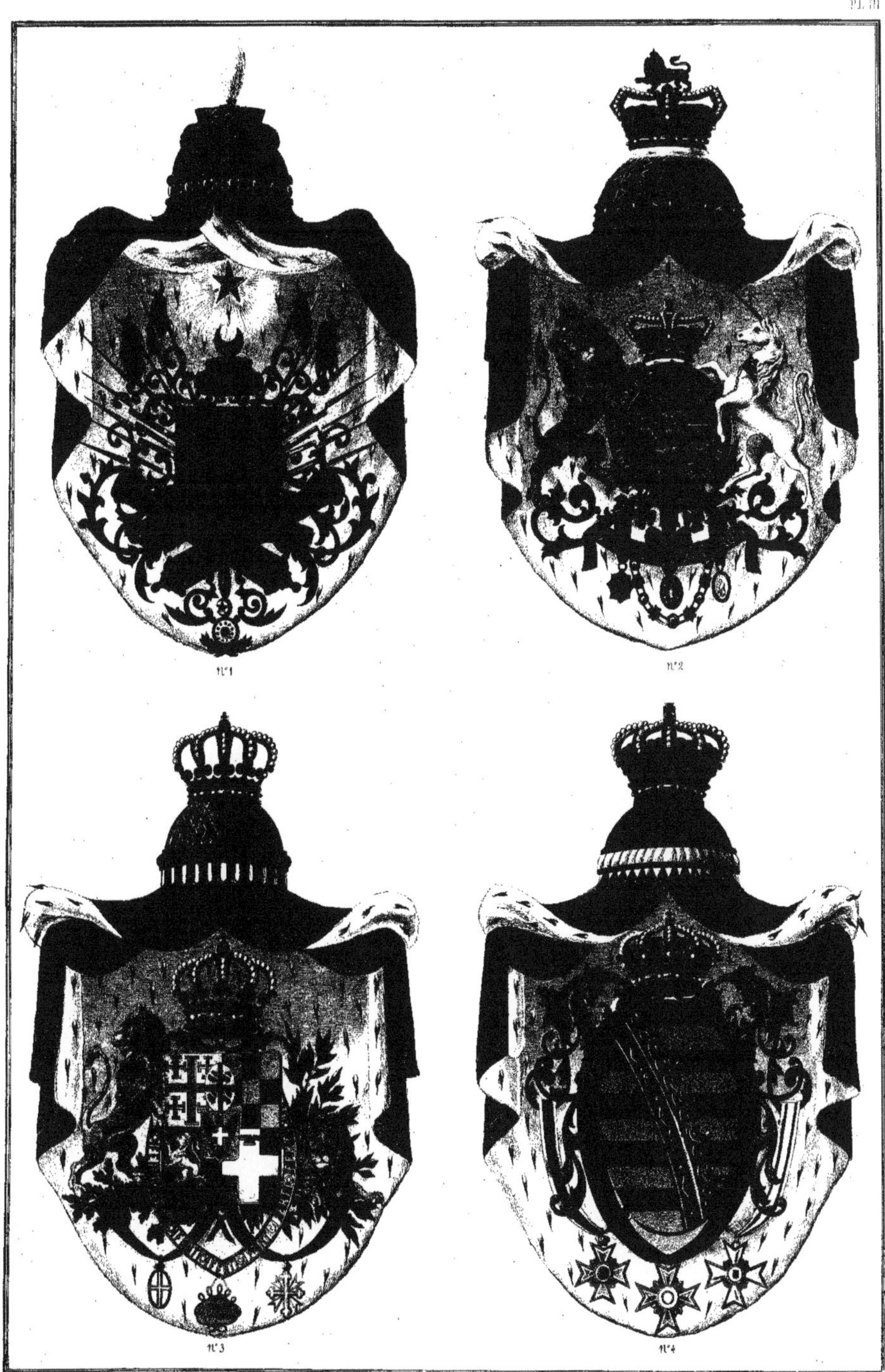

Oberlics lith

A. MOREL et Cie éditeurs.

Imp. LEMERCIER r. de Seine 57 Paris

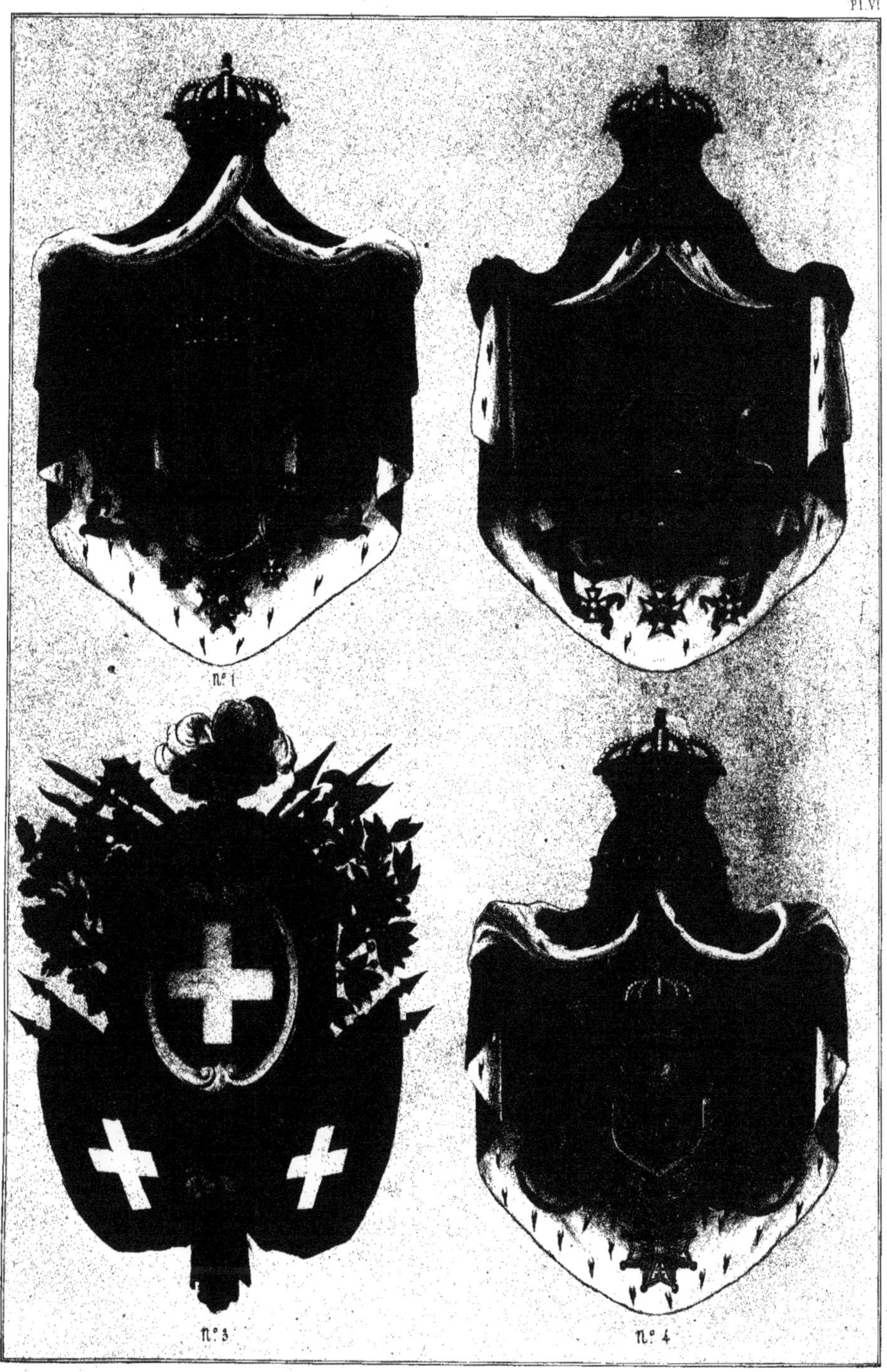

Oberlids lith.

A. MOREL et Cie Editeurs.

Imp. LEMERCIER, r. de Seine 57 Paris.

CH
BDFIJKLMOP
QRSTUVXYZ

ABCDEFGHI

JKLMNOPQR

STUVXYZ

ABCDEFGH

IJKLMNOPQ

RSTUVXYZ

ABCDEFGH
IJKLMNOPQ
RSTUVXYZ

a b c d e f g h i

j k l m n o p q r

s t u v w x y z

ABCDEFGHIJKLM
NOPQRSTUVXYZ
abcdefghijklmnop
qrſstuvwxyz.

A B C D E F G H I

J K L M N O P Q R

S T U V W X Y Z

a b c d e f g h i j k l m

n o p q r s ſ t u v w x y z

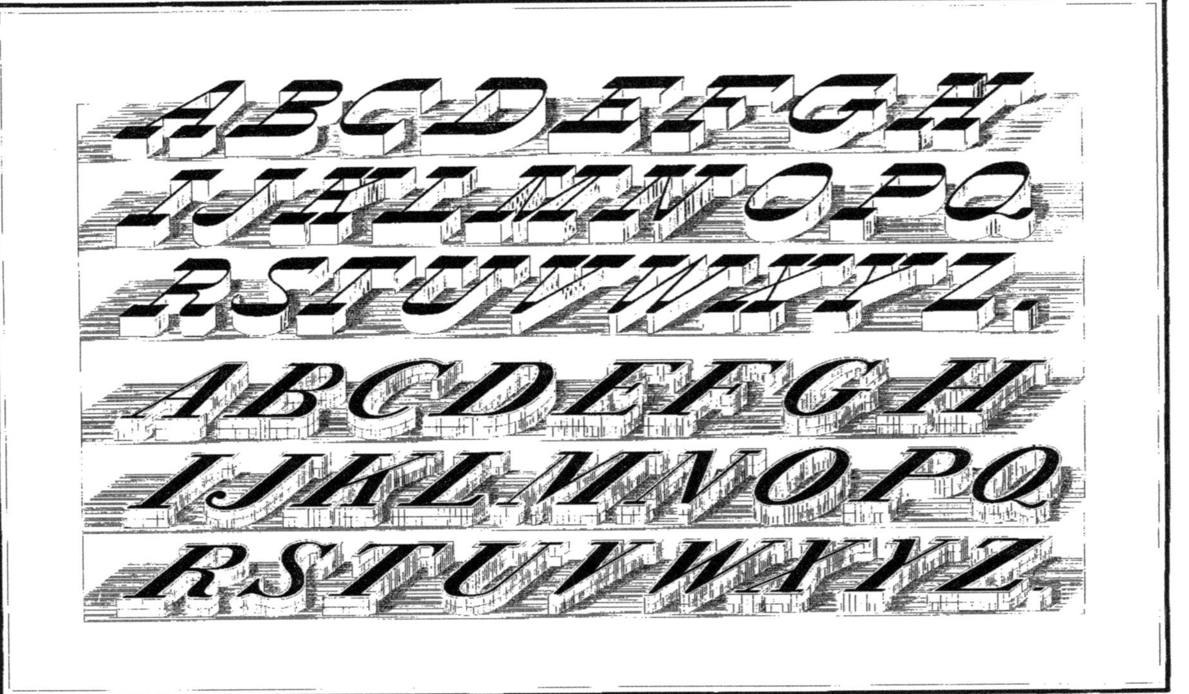
ABCDEFGH
IJKLMNOPQ
RSTUVWXYZ.
ABCDEFGH
IJKLMNOPQ
RSTUVWXYZ.

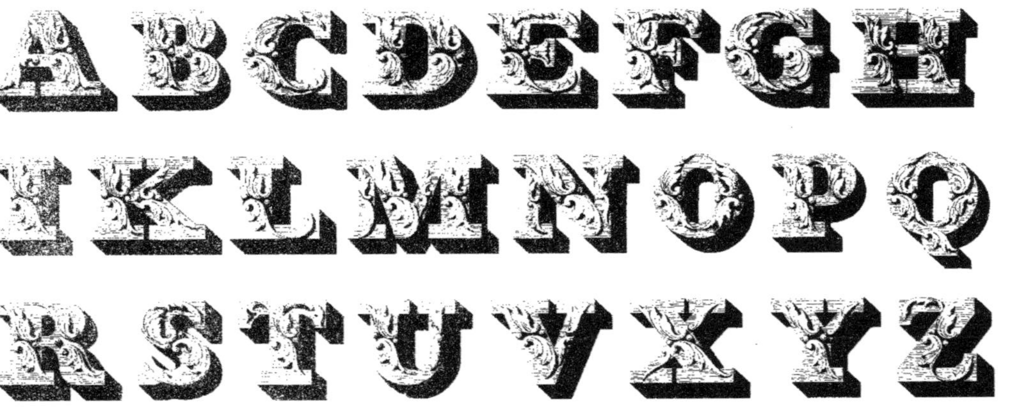
ABCDEFGH
IKLMNOPQ
RSTUVXYZ

A B C D E F G

H I K L M N O

P Q R S T U V

W X Y Z

abcdefghijklmnopqrſst

uvwxyz

A B C D E F G H I K L M

N O P Q R S T U V X Y Z.

A B C D E F G H I J K L M

N O P Q R S T U V W X Y Z.

A B C D E F G

H I J K L M N

O P Q R S T U

V W X Y Z

A. Pahin Lith.

Imp. LEMERCIER Rue de Seine 57 Paris.

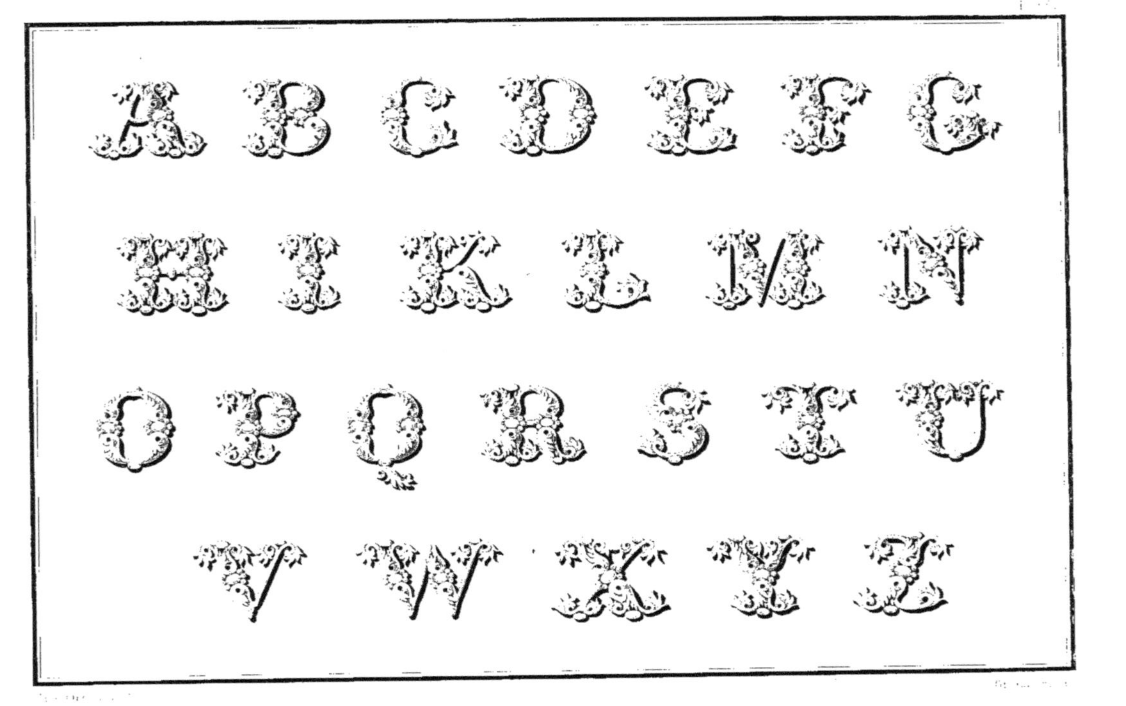

A B C D E F G
H I K L M N
O P Q R S T U
V W X Y Z

A B

C D E F G

H I K L M N O

P Q R S T U V

W X Y Z

Silvestre script. Girault sculpt.

A. MOREL et Cie éditeurs. Imp. LEMERCIER, Paris.

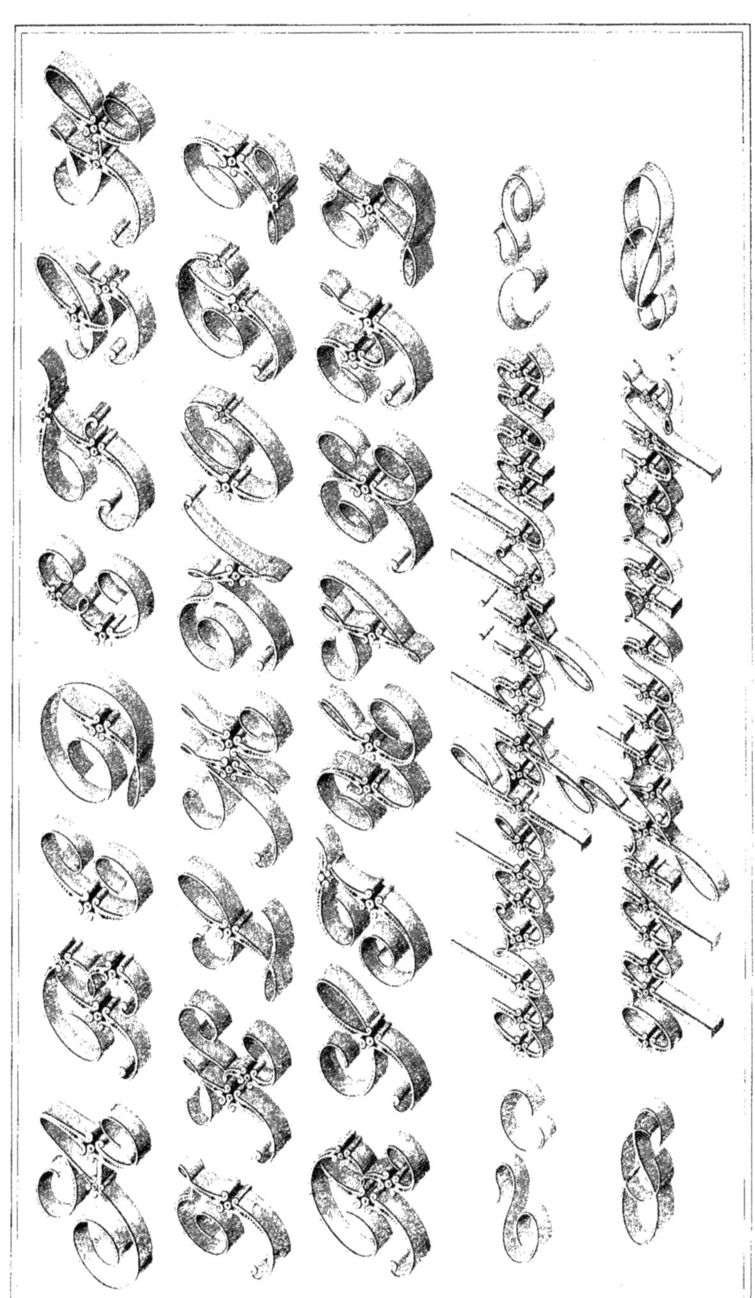

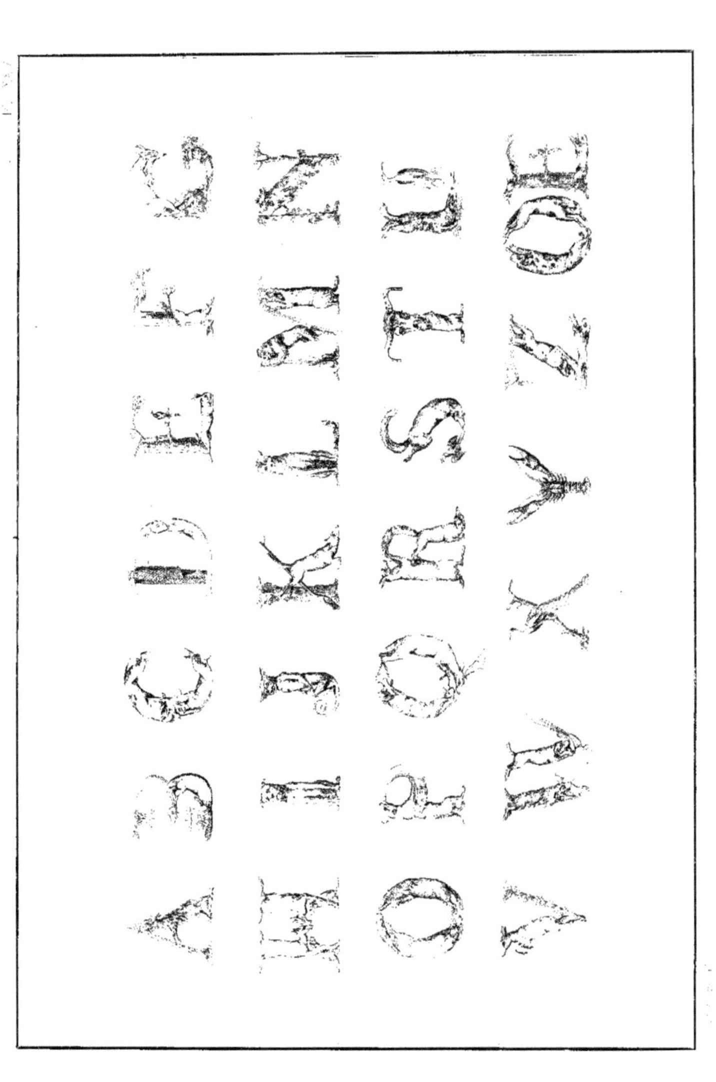

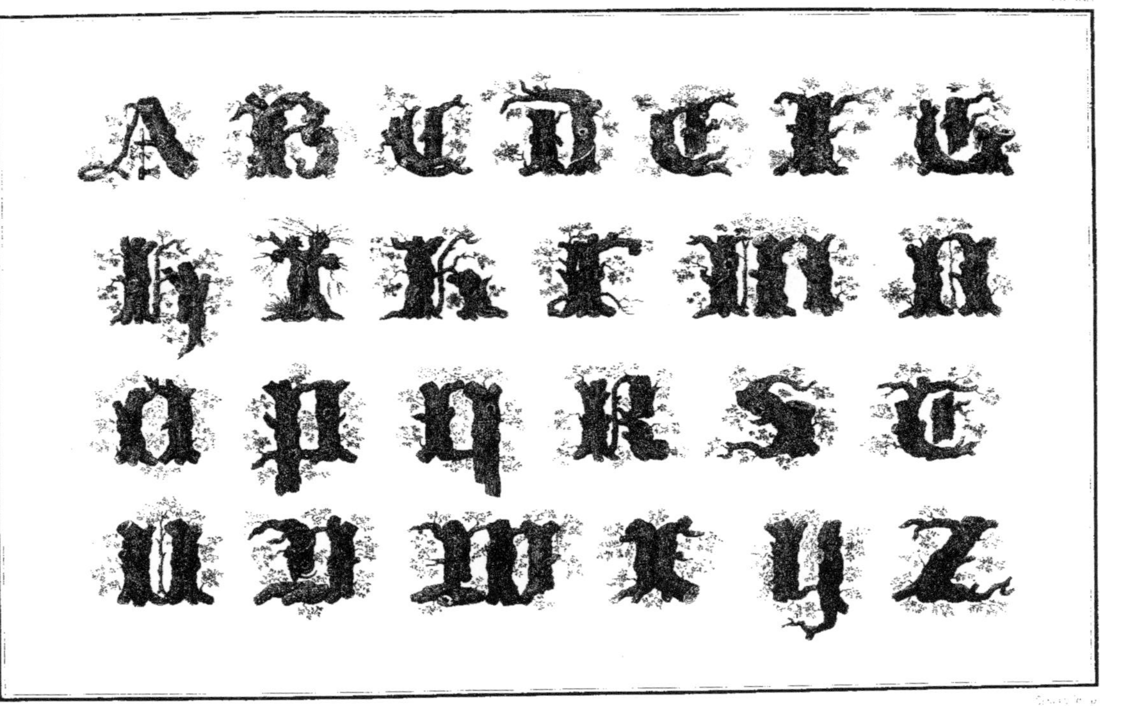

a b c d e f g h i j k l m n

A B C D E F G H I

K L M N O P Q R

S T U V W X Y Z

o p q r ſ s t u v w x y z

A. MOREL et Cie éditeurs.

Imp. Lemercier, Paris.

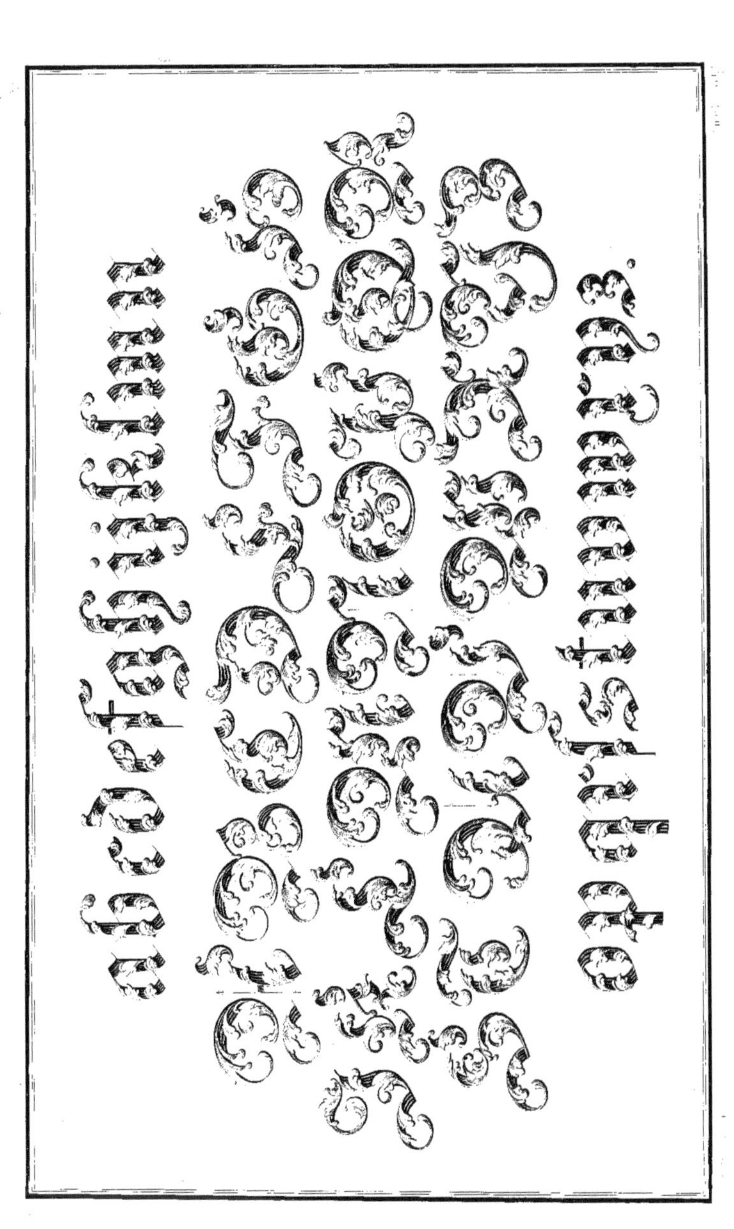

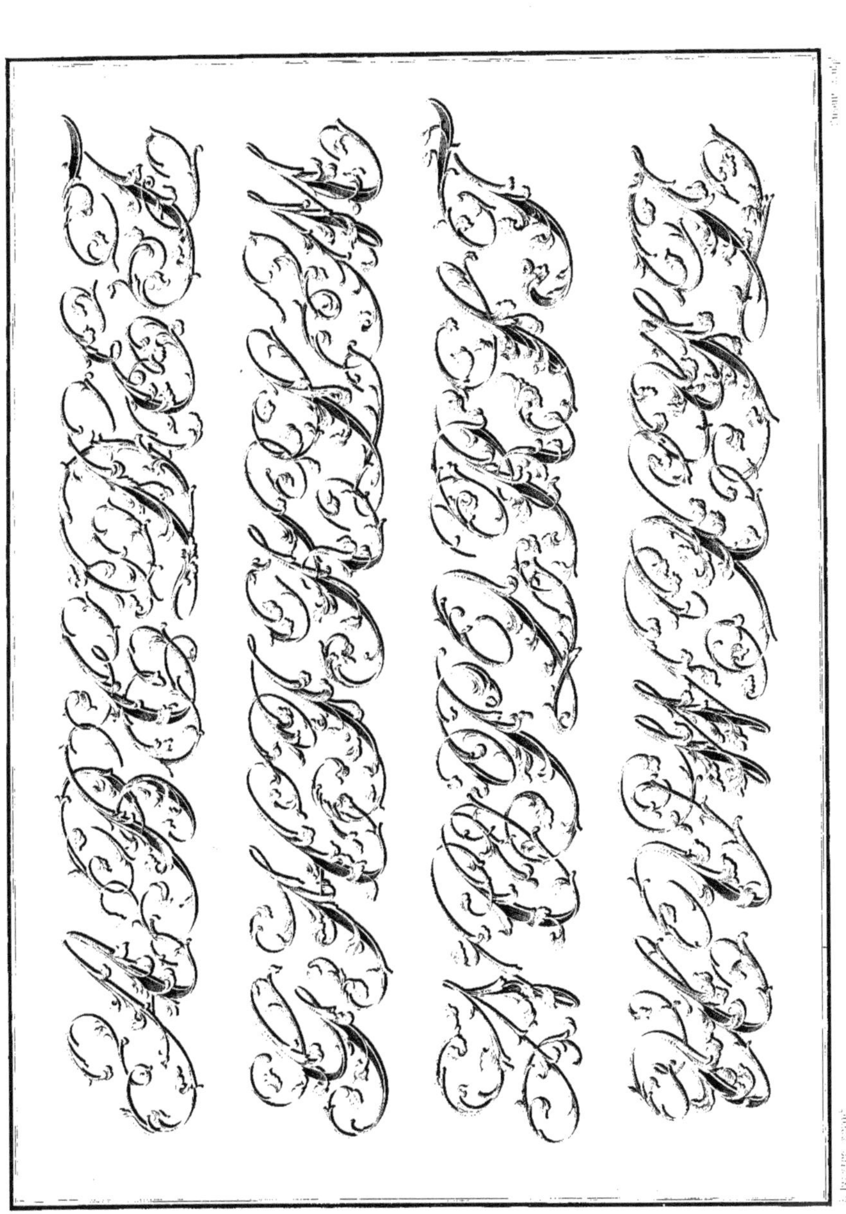

a b c d e f g h i j k l m n

A B C D E F G H J

K L M N O P Q R

S T U V W X Y Z

o p q r s ſ t u v w x y z

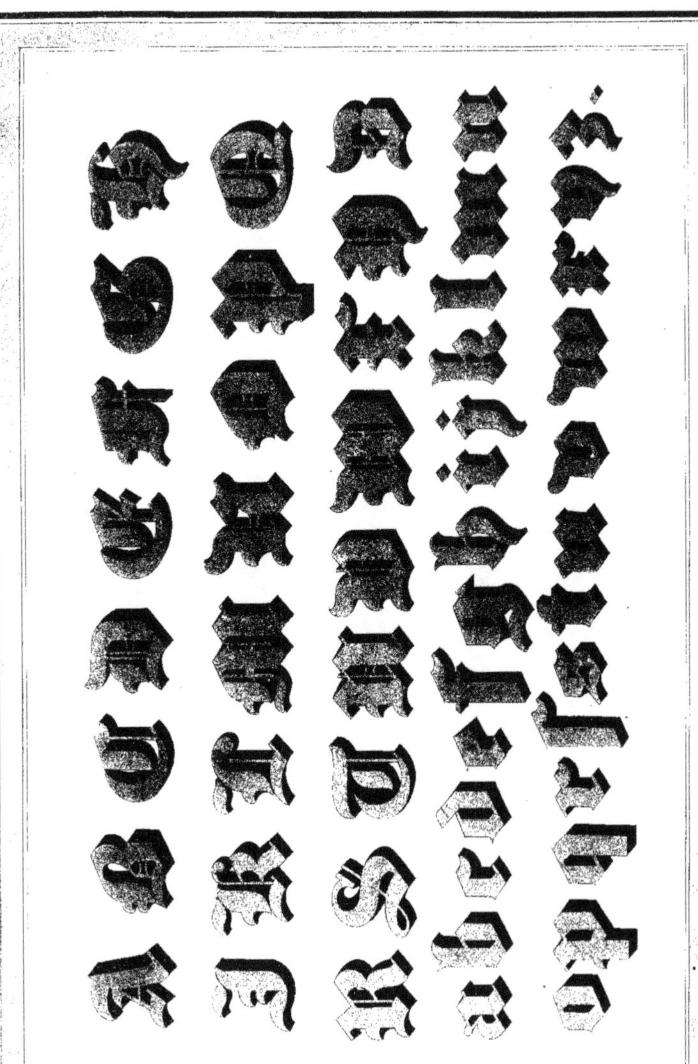

abcdefghijklmn

ABCDEFGH

IKLMNOPQR

STUVWXYZ.

opqrſstuvwxyz

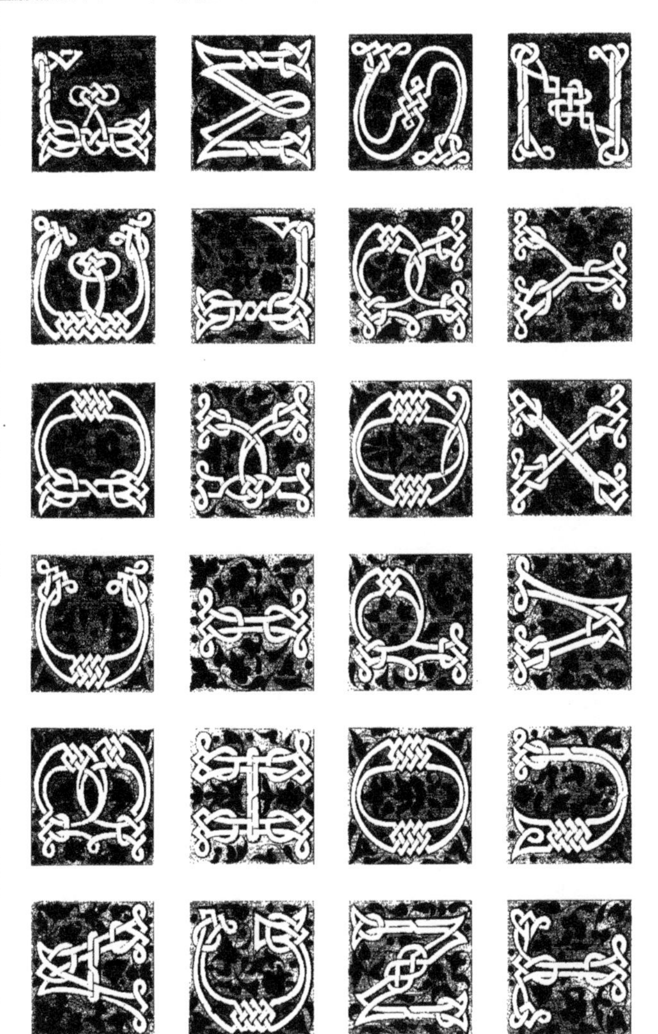

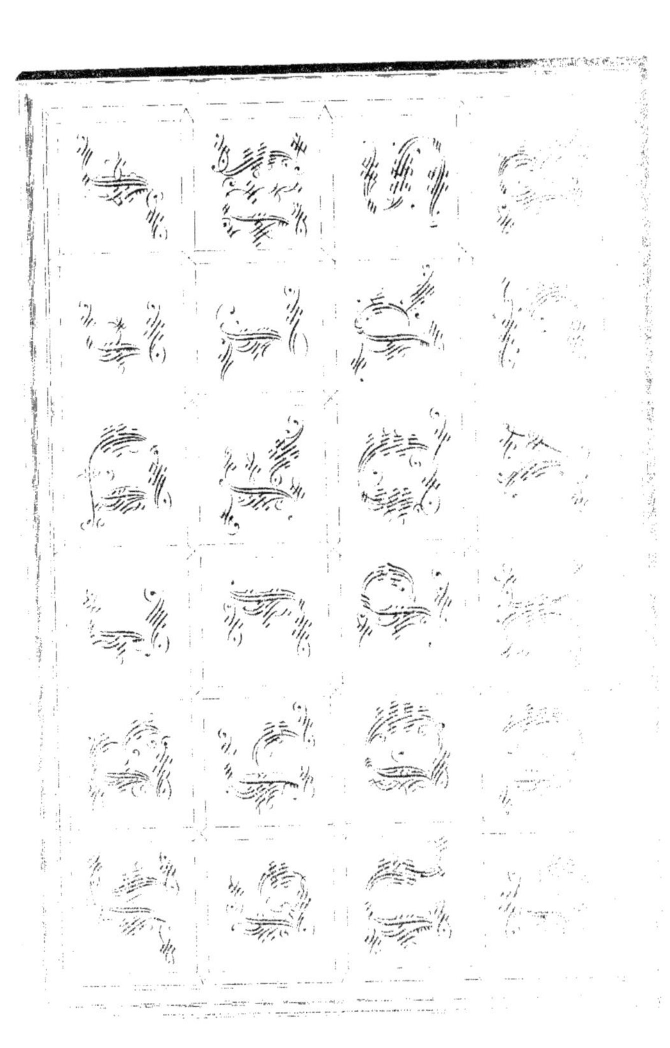

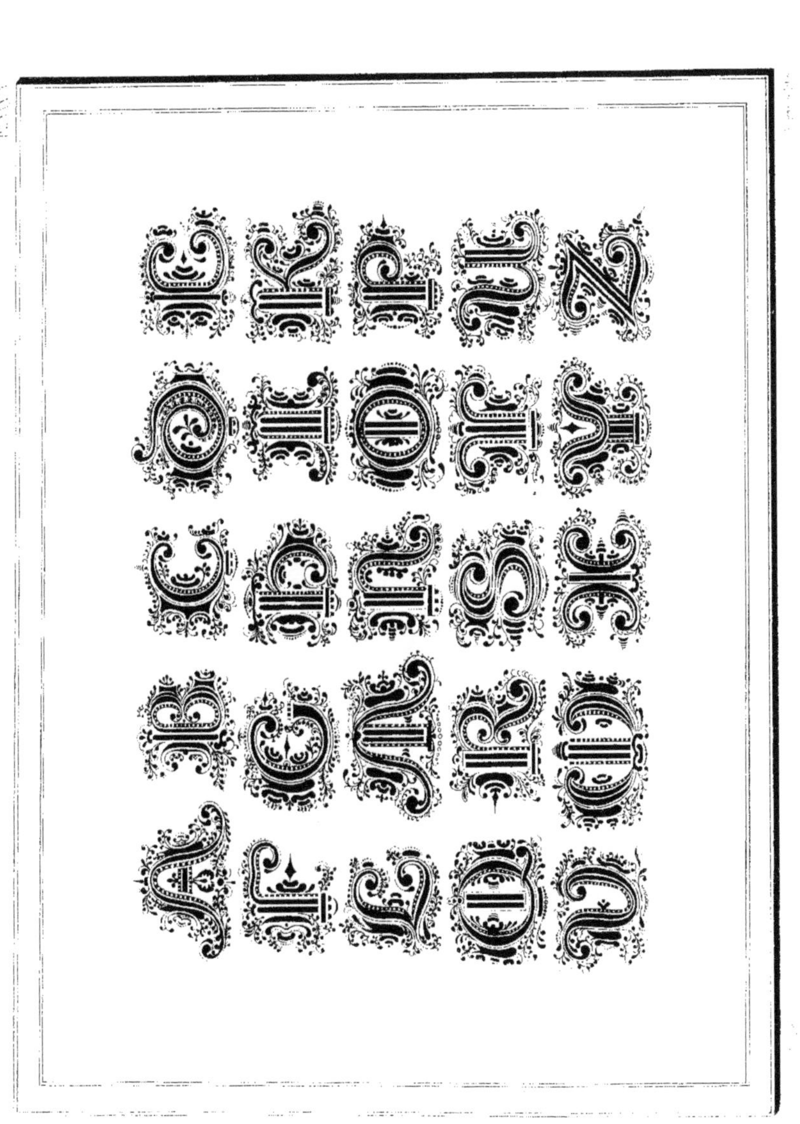

A A A B B B C D D D

E E E F G G G G H J K L

L L M M N N O O P P

P Q Q Q R S S S T U

U V X X Y Y Y Z.

A B C D E F

G H I K L M

N O P Q R S

T V X Y Y Z

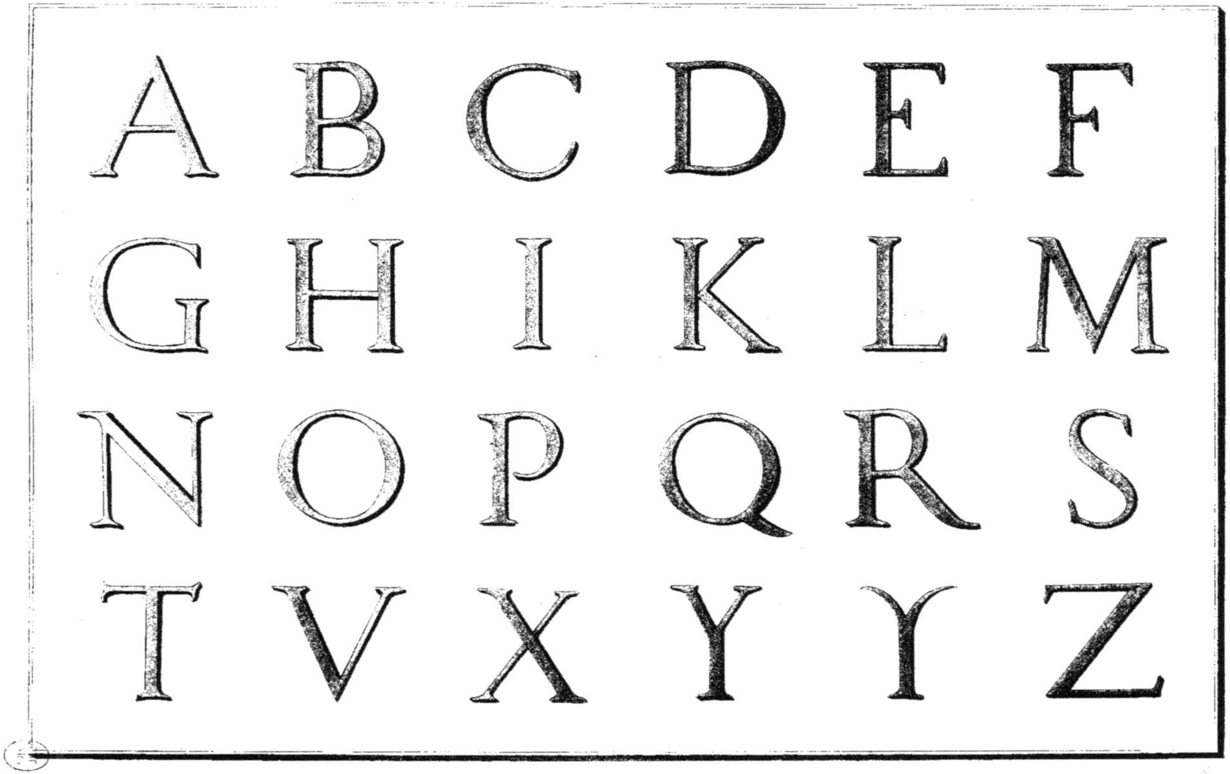

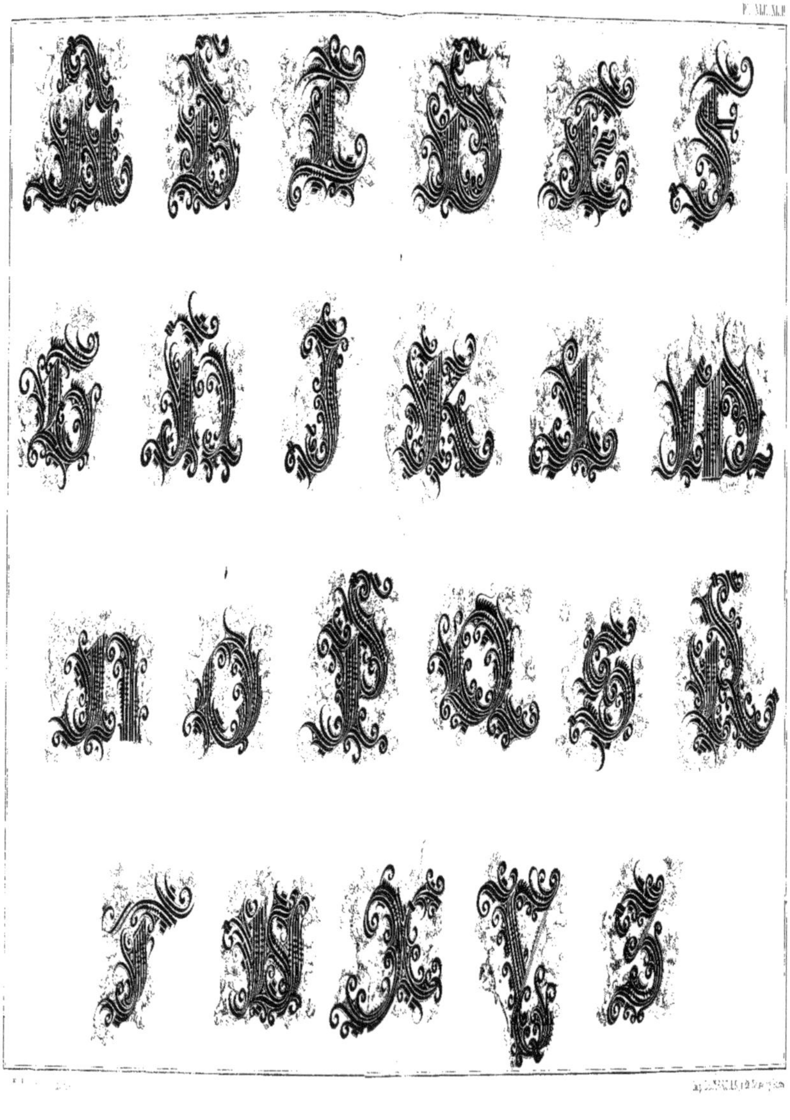

A B C D E F G H I K L M N O P

Q R S T U V W X Y Z.

a b c d e f g h i j k l m n o p q r ſ s t u v w x y z.

a b c d e f g h i k l m n o p q

r s t u v w x y z.

A a a b c d d e f g h i k l m n o p q r ſ s t u r v s.

MOREL et Cie éditeurs

Imp. LEMERCIER, Paris.

ALPHABET

de l'Écriture Française

à la fin du 16me Siècle.

abcdefghilmno

pqrſsſtuvxyz&.

d'après Guillaume Legangneur

Secrétaire ordinaire de la Chambre du Roi.

1599

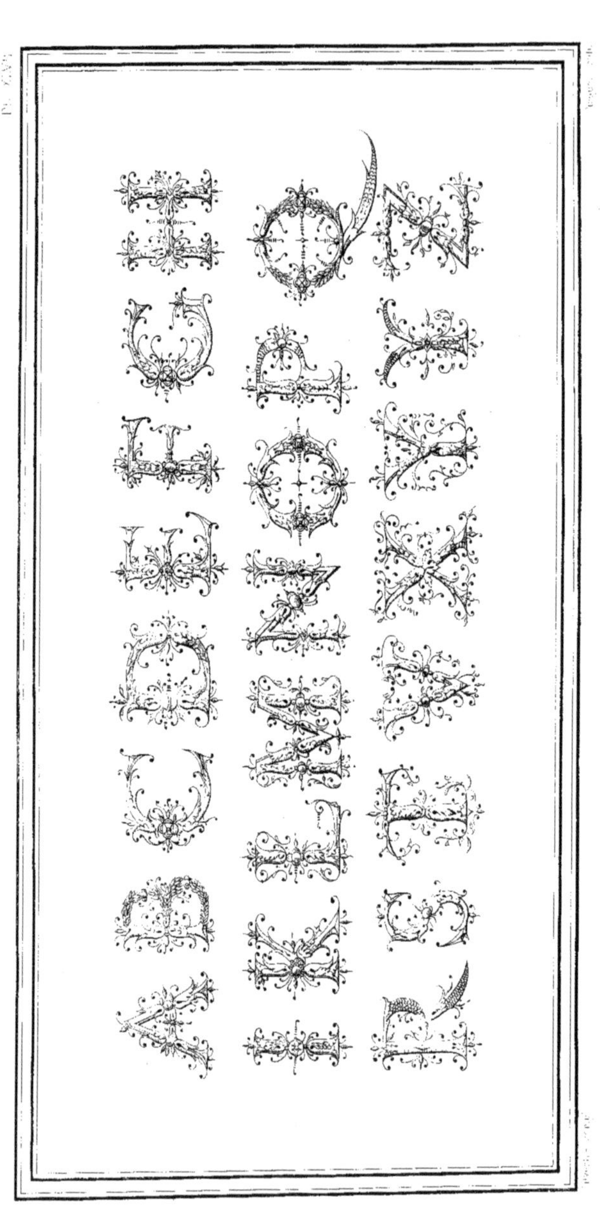

abcdefghikl
mnopqrſtuvxyz

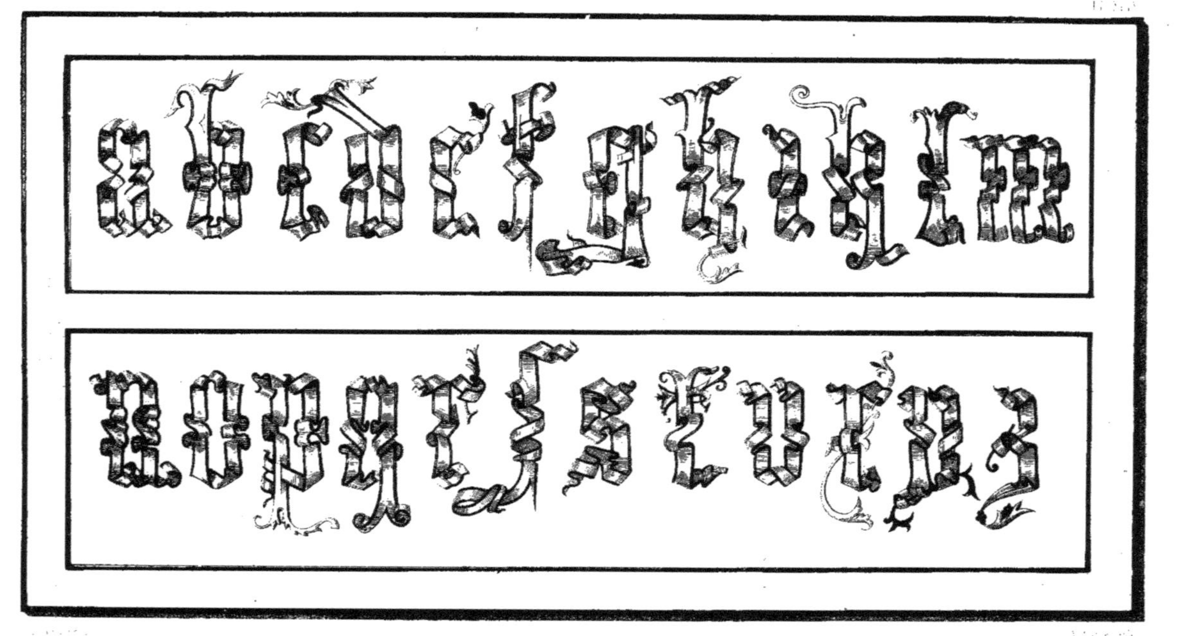

abcdefghiklmn

opqrſstuvxyzz

abcdefghiklmnopqrſstuvxyz

ABCDEFGHIKLMNOPQ

RSTVXYZ

Pl. LI

A B C D E F G H I

K L M N O P Q R

S T U V W X Y Z

a b c d e f g h i j k l m n o p q r s t u v w x y z

Silvestre Scrip.

Paris A. MOREL éditeur

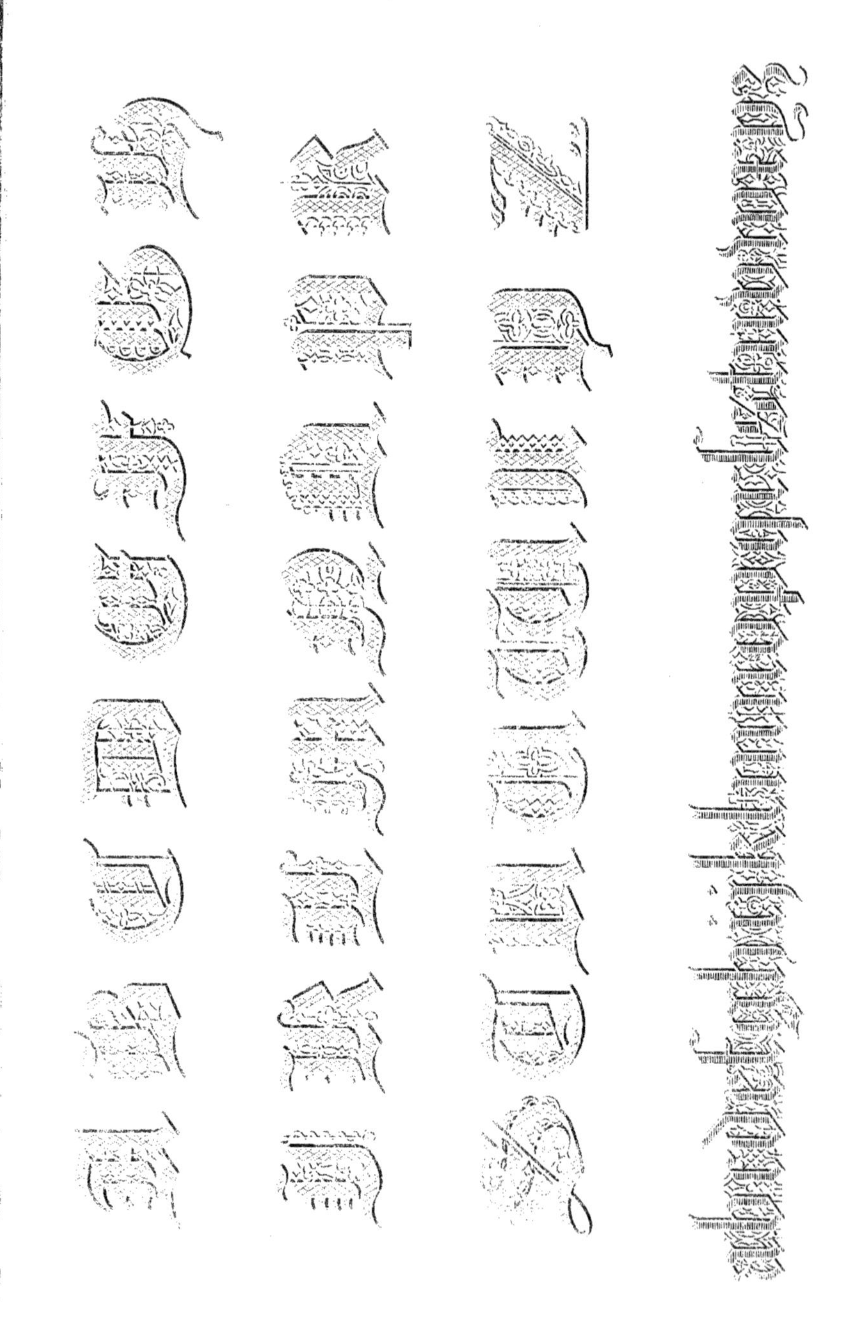

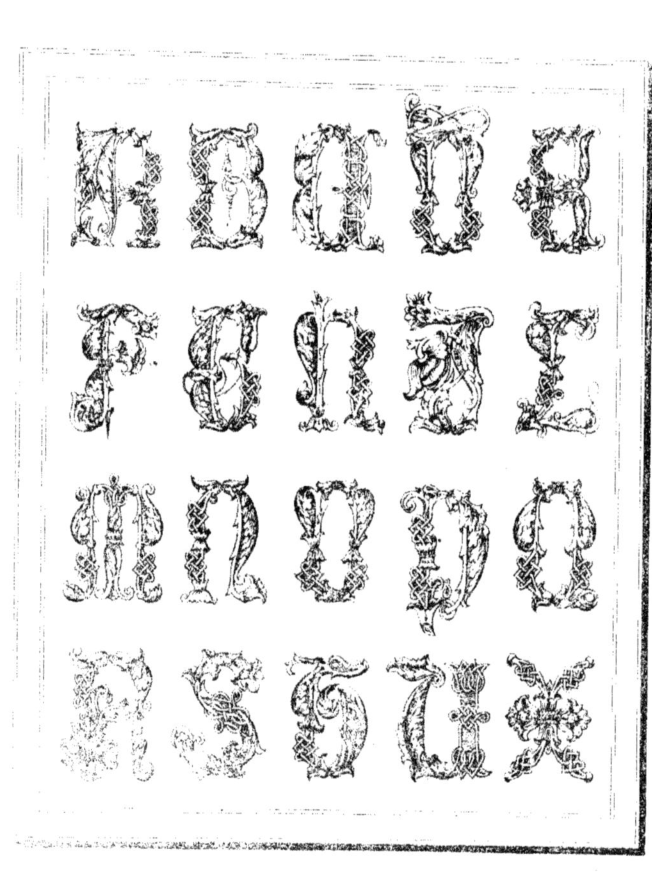

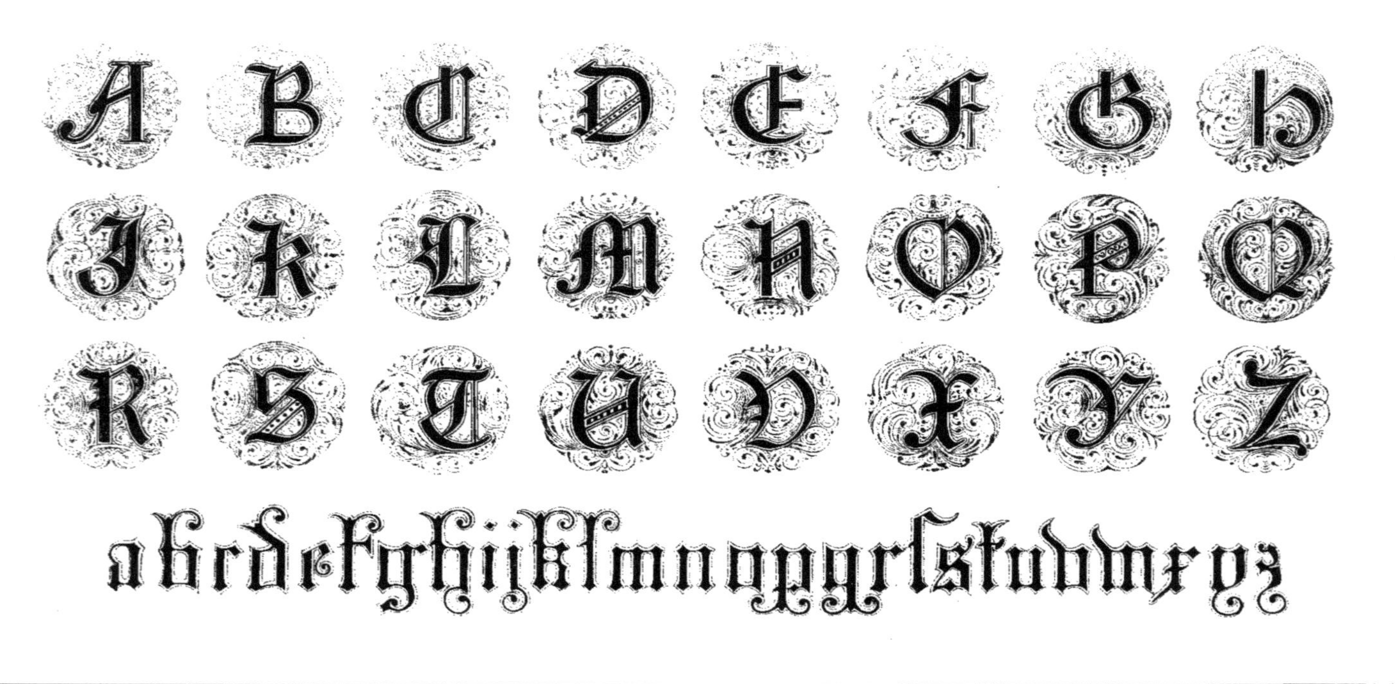

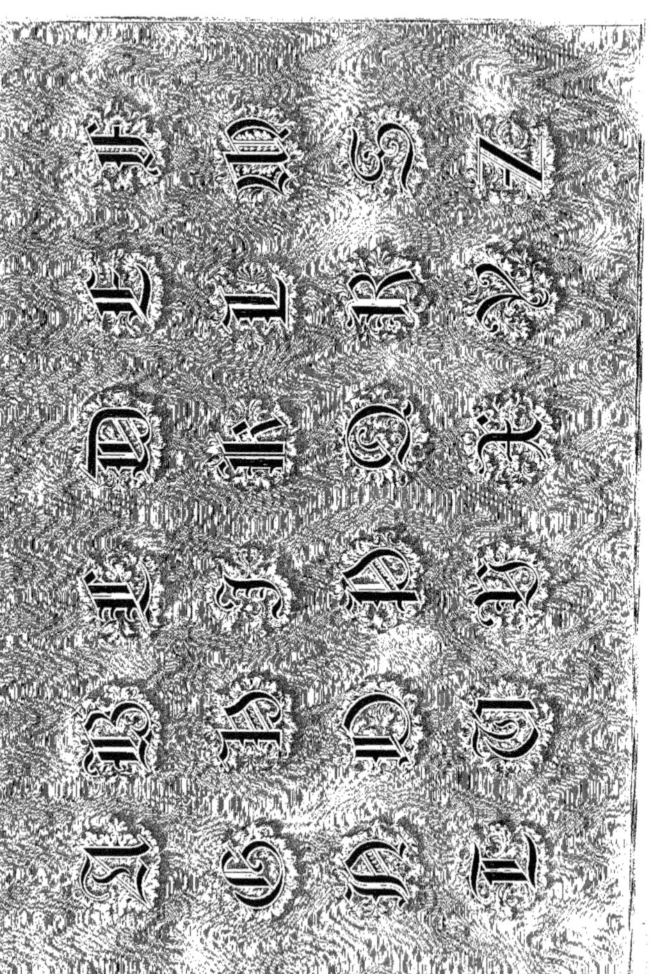

A B D C E G H I K L M

N O P Q R S T U W X Y Z

A B C D E F G H I J K L M

N O P Q R S T U V W X Y Z

A B C D E F G H I K L M

N O P Q R S T U W X Y Z

Pl. LVI

A. MOREL et Cie Éditeurs

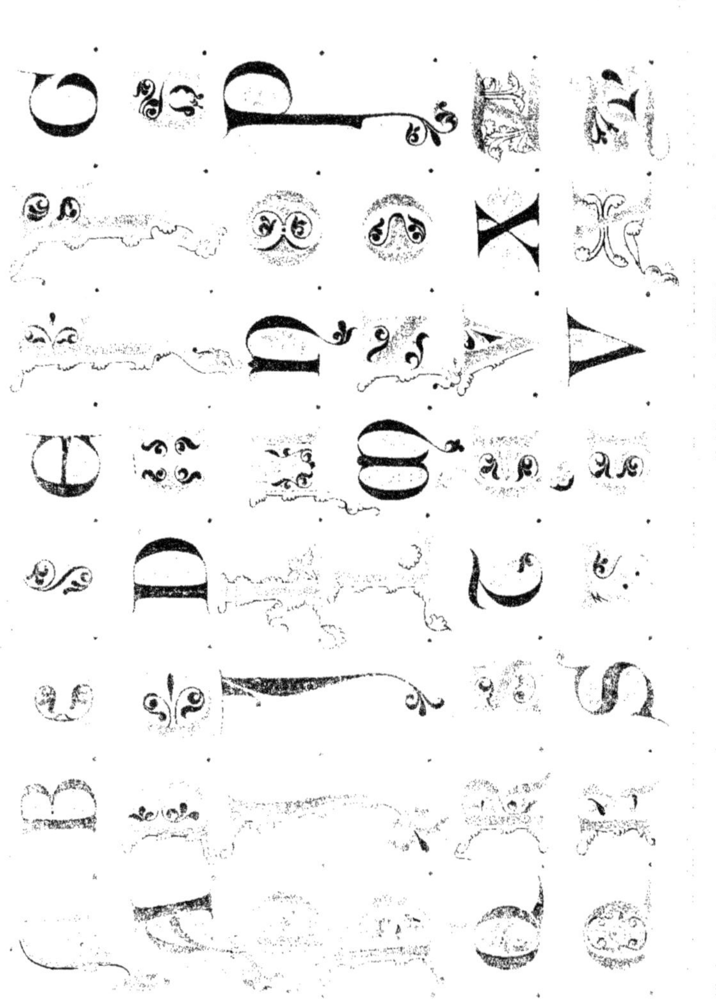

www.ingramcontent.com/pod-product-compliance
Ingram Content Group UK Ltd.
Pitfield, Milton Keynes, MK11 3LW, UK
UKHW020329180726
13839UKWH00002B/600